Début d'une série de documents en couleur

VOYAGES
DE
DEUX BOURGEOIS D'AUCH
À LA COUR DE FRANCE
EN 1528 ET 1529

PAR

PAUL PARFOURU

ARCHIVISTE DU DÉPARTEMENT DU GERS

AUCH
IMPRIMERIE ET LITHOGRAPHIE G. FOIX, RUE BALGUERIE

1889

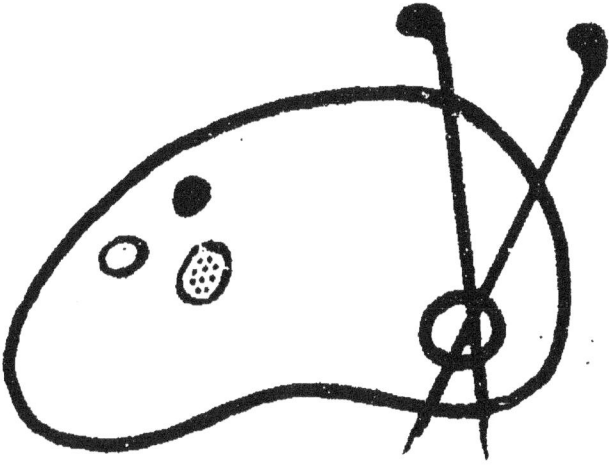

Fin d'une série de documents en couleur

VOYAGES

DE

DEUX BOURGEOIS D'AUCH

A LA COUR DE FRANCE

EN 1528 ET 1529

Extrait de la REVUE DE GASCOGNE

VOYAGES

DE

DEUX BOURGEOIS D'AUCH

A LA COUR DE FRANCE

EN 1528 ET 1529

PAR

PAUL PARFOURU

ARCHIVISTE DU DÉPARTEMENT DU GERS

AUCH

IMPRIMERIE ET LITHOGRAPHIE G. FOIX, RUE BALGUERIE

1889

VOYAGES

DE

DEUX BOURGEOIS D'AUCH

A LA COUR DE FRANCE

EN 1528 ET 1529 (*)

Deux comptes en gascon, conservés dans les Archives de la mairie d'Auch, contiennent un état détaillé des dépenses d'un double voyage fait en 1528 et 1529 à la cour de France, où résidaient alors Henri d'Albret, roi de Navarre, comte d'Armagnac, et sa femme, Marguerite d'Angoulême, sœur de François Ier.

Ces comptes, malgré leur concision regrettable, — car ce n'est guère qu'une sèche nomenclature des localités traversées, avec l'indication du prix des repas, — ces comptes, dis-je, m'ont paru mériter une analyse, tant à cause de leur date et de l'idiome dans lequel ils sont écrits (1), que des personnages de marque qui s'y trouvent mentionnés.

C'était une grosse affaire qu'un pareil voyage à cette époque, et il fallait de graves raisons pour l'entreprendre. Il

---

(*) Cette note a été lue à la Sorbonne, au Congrès des sociétés savantes, section d'histoire et de philologie (séance du 12 juin 1889).

(1) Le gascon y est, toutefois, fortement mélangé de mots français, surtout dans le premier compte.

s'agissait, en effet, d'une question du plus haut intérêt pour la ville d'Auch.

Louis XI, par édit du 27 décembre 1473, avait fixé à Auch le siège de la sénéchaussée d'Armagnac, comme « principale ville des comté, pays, terres et seigneuries d'Armaignac, et le lieu plus propice et convenable pour tenir et exercer la justice et juridiction de ladite senechaussée ». Mais « quelque temps après, — lisons-nous dans l'édit de janvier 1639, — la maladie contagieuse obligea les officiers dudit seneschal de se retirer par provision en la ville de Lectoure... » (1). Comme il n'y avait aucune ordonnance par écrit, les consuls de Lectoure se firent octroyer des lettres de maintien par Charles VIII (septembre 1490) (2).

On conçoit le dépit qu'en éprouvèrent les habitants d'Auch, qui par la suite firent de fréquentes tentatives pour enlever à la cité rivale un tribunal de cette importance (3).

Le 31 décembre 1527, le roi et la reine de Navarre firent leur entrée solennelle dans leur bonne ville d'Auch ; tous deux prêtèrent serment de respecter et de défendre les immunités et franchises municipales (4). Les consuls durent profiter d'une occasion si favorable et renouveler leurs instances. Ce qu'il y a de certain, c'est qu'une enquête fut faite, vers cette époque, par les soins du chancelier de Foix et de Béarn. Mais elle fut, sans doute, contraire aux prétentions des Auscitains, car c'est surtout pour la faire rapporter qu'on entreprit le

---

(1) Divers documents, conservés dans les Archives de Lectoure, racontent les faits d'une autre façon. D'après cette version, l'établissement du sénéchal à Auch daterait du mois de mai 1473 (édit donné au Plessis-du-Parc); cette décision aurait été rapportée par l'édit du 27 décembre suivant, et le siège attribué à Lectoure. (Communication de M. Paul Druilhet, adjoint au maire de Lectoure.) — Vérification faite, le texte de l'édit du 27 décembre 1473, enregistré à Toulouse le 3 février suivant (Archives du Parlement; actes du pouvoir souverain, Reg. 1ᵉʳ, fol. 104), porte *Auch* et non *Lectoure*, ce qui tranche la question.
(2) *Ordonnances des rois de France*, t. xx, p. 250.
(3) Le ressort de la sénéchaussée d'Armagnac était très étendu et comprenait l'Armagnac proprement dit, le Fezensac, l'Astarac, le Pardiac, la Lomagne, le Brulhois, le Fezensaguet et les Quatre-Vallées.
(4) Ce serment est conservé aux Archives de la ville d'Auch (AA 5).

voyage de 1528, « per ana a la Cort, et asso per se raportar certaine inquisition feyta per Monsr lo chancellier de Foix et de Bearn, touchant le siege du seneschal d'Armaignac ».

La communauté confia la mission d'aller plaider la cause de la ville à deux bourgeois : Me Raymond de Bonnecaze, licencié en droits, et sire Bernard Cabandé, sieur du Faget. Leur mission est ainsi définie en tête de l'un des comptes : Aller à la Cour et présenter requête de la part des consuls « aux rey et regina de Navarre, per remectre lo siege de la cort de seneschal d'Armanhac de Lectore a Aux, ou bien de erigir un novel siege particular et aquet mette et stablir en la ville d'Aux ».

Raymond de Bonnecaze et Bernard Cabandé, après avoir fait l'achat de trois chevaux, de deux sacs en basane « luda » pour serrer les papiers, et d'une malle de voyage, se mirent en route le 14 juillet 1528, la bourse garnie de la forte somme de 400 livres (1), dont 300 empruntées aux « caperas de Purgatori de Senta Maria d'Aux ». Un page et un laquais composaient leur escorte.

Ils allèrent souper et coucher à Condom, où l'on fit l'emplette d'un « cabeste de suat » (2) ; ils dînèrent le lendemain à Nérac. Là on s'aperçut que l'un des chevaux « flaquec » (3) ; il fallut le renvoyer à Auch et en acheter un autre. Disons une fois pour toutes que le prix des repas variait peu d'une étape à l'autre : le dîner coûtait 15, 16 ou 17 sous, et le souper (avec coucher) 1 livre 5 sous ou 1 livre 6 sous et quelques deniers tournois (4).

Nos gens traversèrent successivement « Damasan, Marmanda, Monsegur, Siurac (Civrac-de-Dordogne), Sent-Melion (Saint-Emilion), Guitres, Barbasius (Barbezieux), Château-

---

(1) 400 livres, au XVIe siècle, avaient une valeur relative de plus de 4,000 francs.
(2) Un licol en peau de truie (*suat*).
(3) Faiblissait, marchait péniblement.
(4) C'est toujours de monnaie tournoise qu'il est fait usage dans les deux voyages que nous analysons.

neuf (passage de la « Chalanta » moyennant un péage de 2 sous), Grobila (Gourville), Vilafaye (Villefagnan), Chauné (Chaunai), Bibona (Vivonne), Poylies (Poitiers), Trichayria (la Tricherie), Chatelaraut (Châtellerault), Port-de-Pila (Port-de-Piles), Matelant (Manthelan), Bleré, Amboysa (Amboise), Escuras (Seur) (1), Blays (Blois), Seynt-Lorans (Saint-Laurent-des-Eaux), Orleanx, Arteney, Tori (Toury), Etampes, Molleheri (Montlhéry), et Paris ».

Après un repos de trois jours à Paris, il fallut partir pour « Fonteneblau » avec arrêts à « Bilaneba-Saynt-Jory (Villeneuve-Saint-Georges), Corbelh, Chely (Chailly) et Arclosa » (Recloses). Le retour subit de nos voyageurs à Paris et leur départ pour « Seynt-Jermeyn » coïncident évidemment avec les déplacements de la Cour (2). Les chevaux étaient exténués, l'un d'eux tomba malade en arrivant à Saint-Germain, il en coûta 2 livres 8 sous pour le droguer, « per fe gari hun de nostres chibals que era marfondut et per lo tira lo suros ».

Les députés d'Auch purent enfin accomplir leur mission. Il est regrettable que la relation ne dise rien des audiences royales qu'ils durent obtenir. Par contre, on y trouve consignées avec soin toutes les petites dépenses qu'il était d'usage de faire dans l'antichambre ou dans les bureaux et chez les hommes de loi. Je transcris textuellement cette partie du compte :

Plus, en ana a Seynt-Jermeyn, per los v pasatges (de la Seine) : iiii s. ix d.

Plus, per rechata los papafigos (3) : ix s.

(1) *Seur* est le seul village entre Amboise et Blois qui réponde à peu près phonétiquement à *Escuras*. (Renseignement fourni par mon confrère M. Bourgeois, archiviste de Loir-et-Cher.) — En 1665, ce lieu était encore appelé *Escure*, du moins par les Gascons (Voyage du marquis de Poyanne à Paris; Archives de M. de Carsalade).

(2) Ces déplacements sont indiqués dans le *Catalogue des actes de François I*er* (tome I). Voici quelques dates : à Fontainebleau, du 1er au 14 août 1528; à Paris, du 20 au 27 août; à Saint-Germain-en-Laye, du 27 août au 6 septembre; à Paris, depuis le 7 septembre.

(3) *Papafigos*, manteaux (?). — « Ung papefiguo de violet bandat de balors » (*Etudes sur la vie privée bayonnaise au commencement du* xvi* siècle*, par M. Ducéré; Glossaire, p. 112).

Plus, per crompa bin, peyn et poeras per banqueter : III s.

Plus, combidem lo conserbado (1), per dus biatyes, en probision et bin et autras causas : 1ª l. XII s.

Plus, demorem a Seynt-Jermeyn xv jorns : xxx l. XII s.

Pour paser la ribiera pour aler a Paris : IIII s. IX d.

Plus, balhem a Joan, secretari de Mos. le chanselier de Foys, per lo prosès que nos enbiec [a] Aux : II l. II s.

Plus, balhem a l'enfant de Mos^r le contrarolier de Lanson, per crompa hun bonet : IIII l. II s.

Plus, au servidor de Mos. lo contrarolier : XII s.

Plus, au clerc de Mos. le chanselier de Lanson (2) : XII s.

Plus, au clerc de Mos. le baylif d'Orleanx : x s.

Plus, anec Mos. de Bonacasa a Seynt-Jermeyn (3); que despensec : IIII l. VII s.

Plus, balhe a Mos. Robilhart (4), pour la menute des letres : II l. I s.

Plus, au clerc de Mos. Robilhart : v s.

Plus, auhem balhat au conserbador, que nos enprontet : IIII l. II s.

Plus, per so que jo he despendut a Paris cant jo demore et Mos. de Bonacasa era [a] Seynt-Jermeyn : II l. v s. VI d.

Plus, au clerc d'Adrien, secretera de Madame (5) : v s.

Plus, pour paser Seyna : II s. VI d.

Plus, pasames [a] Arjentulh (Argenteuil) pour boer les reliques (6) : XI s. VIII d.

Plus, aboms demuré a Paris xi jorns : XXIIII l.

Le retour en Gascogne s'effectua par une route plus directe, appelée dans le compte : « *Le chamin de Paris [a] Aux* ». C'est presque le tracé actuel de la voie ferrée de Paris à Agen par Limoges (7).

(1) Le conservateur des domaines de la maison de Navarre. J'ignore son nom.
(2) Le chancelier d'Alençon. Il se nommait Jean Brinon et était premier président au parlement de Rouen.
(3) Cet article et les suivants montrent que cet état a été dressé par Bernard Cabandé, compagnon de M. de Bonnecaze.
(4) C'était un procureur auprès du Grand Conseil; son nom se retrouve dans le voyage de 1529.
(5) Marguerite, reine de Navarre.
(6) Sans doute la *tunique sans couture de N.-S. J.-C.*, donnée par Charlemagne à l'ancien monastère d'Argenteuil.
(7) Cinquante ans plus tard, en 1585, un bourgeois d'Agen, chargé d'une mission à la Cour, suivit à peu près les mêmes itinéraires à l'aller et au retour. M. G. Tholin a publié un très intéressant et très spirituel résumé de ce voyage,

Voici les étapes successivement parcourues : « Molleheri, Etampes, Tori, Orleanx, Chaumont (Chaumont-sur-Tharonne), Milhansé (Millançay), Seynt-Cristofle (Saint-Cristophe), Batan (Vatan), lo Bort-de-Diu (Bourg-Dieu ou Déols), Arjenton, Mohé (Mouhet), Mortayrol (Morterolles), Rase (Razès), Limotyes, Betos (Bétours, commune de Janailhac), l'Opital, paser Dordonha : ii s. ii d., Tortoyrac (Tourtoirac), Rofinhac (Rouffignac), Cadoin, paser Lot, Montinhac (Montagnac), Autafaye (Autefage), pour fere dire mesa [a] Autafaya, et boere de matin : xv sos, paser Garona : ii s. vi d., Layrac, Laytora (Lectoure), Florensa (Fleurance); lo xiiiie jorn de seteme (septembre), aribem [a] Aux a sopa ».

Le voyage avait duré 60 jours et coûté 184 livres. Pour témoigner leur satisfaction, les consuls firent don à leurs députés d'une somme de 72 livres, à titre d'honoraires, à raison de 12 sous par jour, « per saychanta dietas que an vacat per fe lo viatge en cort deu rey et regina de Nabarra, conte et contessa d'Armanhac ».

Les lettres royaux rapportées de Paris prescrivaient une nouvelle enquête sur l'affaire du sénéchal. Elle fut confiée à un conseiller au Parlement de Toulouse, « Monsr de Riberie » (alias Riverie). La dépense « per fer la enquesta contre los de Laytora » est consignée à la fin du compte et s'éleva à 109 livres 5 sous.

Menacés dans leurs intérêts, les habitants de Lectoure firent, de leur côté, d'actives démarches pour conserver le siège tant convoité par la ville voisine. Ils parvinrent à faire « inhibir Mons. de Riverie, commissari deputat per auzir las partidas, ab lettres reales tant deu Conselh que per cameram de la cort de Parlement de Tholose » (1).

---

sous ce titre : *Un voyage d'Agen à Paris au xvie siècle (Revue de l'Agenais*, 1876, p. 153). — La raison de cette différence d'itinéraires à l'aller et au retour est facile à comprendre : on voulait s'assurer tout d'abord si la Cour n'était point à Amboise ou à Blois, résidences favorites des rois de France au xvie siècle.

(1) D'après un inventaire des Archives de Lectoure, dressé en 1591, les lettres de chancellerie *ne lite pendente* du Parlement de Toulouse sont du 23 février 1529. (Communication de M. P. Druilhet.)

Pour parer ce coup imprévu, un second voyage à la Cour était nécessaire. Car il fallait obtenir du roi et de la reine de Navarre l'entérinement de la requête des consuls d'Auch, nonobstant les lettres d'inhibition octroyées à la partie adverse, « per supplicar los rey et regina de Navarre los placia intherinar nostre requeste de lor propri movement ».

Comme il n'y avait plus d'argent dans la caisse du trésorier de la ville « Johanot deu Baradau », on contracta un nouvel emprunt de 200 livres; on acheta deux chevaux, dont un au trésorier de l'archevêque d'Auch, et le 20 avril 1529, Raymond de Bonnecaze s'acheminait une seconde fois vers la Cour, ayant pour seul compagnon l'un des gardes consulaires, Guillem de Authon ou Dauton, chaussé d'une paire de « botas bielhas », du prix de 12 sous.

Le journal de Bonnecaze est un peu moins concis et moins sec que celui de Bernard Cabandé, et il a sur lui l'avantage de donner les dates.

Bonnecaze modifia un peu son itinéraire. Au lieu de passer par Condom, Nérac et Marmande, il se dirigea sur Agen, après avoir couché à Fleurance et dîné à « Hastafort » (1); d'Agen il gagna successivement « Villanava-d'Agenes, Montflaquin (Monflanquin), Montpassié (Montpazier), Limel (Limeuil; passage de la Dordogne : 1 sou), Sanctdreu (Cendrieux), Peyrigurs (Périgueux), Bordelhe (Bourdeilles) (2), Marelh (Mareuil), la Rochefocaut, Valence (canton de Mansle), Reffel (Ruffec), Coé » (Couhé). A Vivonne, il reprit la grande route ordinaire de Bordeaux à Paris (3) et arriva à Amboise le 30 avril, dans la soirée. La Cour y résidait, le but du voyage

---

(1) « Et per la disnada pague hoeyt s. t., et dus tholosans per los servidors et chambrieres. » A ce second voyage, le coût de chaque dîner fut de 8, 9 ou 10 sous, celui de chaque souper, de 14, 15 ou 16 sous.

(2) Il y a *Corbelho* dans le texte, mas c'est un lapsus évident. Au retour, Bonnecaze repassa par le même endroit et cette fois il écrit correctement *Bordelhe*.

(3) C'était la route suivie par les pèlerins se rendant à Saint-Jacques de Compostelle (A. Lavergne, *Les chemins de Saint-Jacques en Gascogne*, p. 32).

était atteint. Toutefois, François Ier devait partir quelques jours après pour le château de la Bourdaisière et y séjourner du 4 au 22 mai (1). C'est ce qui explique les allées et venues continuelles de R. Bonnecaze d'Amboise à la Bourdaisière et de la Bourdaisière à Amboise, où il revenait coucher chaque soir, ainsi qu'on va le voir.

Les chevaux furent logés à « l'ostalaria de la Teste deu Serin » (2); mais il n'y avait pas de chambre disponible dans cette hôtellerie, il fallut en chercher une en ville, « per dormir et per gardar nostre bagatge »; le loyer coûta 5 sous par jour.

Ici la relation devient un peu plus intéressante. Je vais donc transcrire les articles qui ont trait au séjour du député d'Auch à Amboise. Comme l'année précédente, il dut financer avec les gens de robe, avocats et procureurs, avec leurs clercs et leurs serviteurs. Un détail m'a paru curieux : lorsque Bonnecaze voulut faire sceller des lettres de chancellerie que l'avocat « Ramon » lui avait fait prendre, il apprit que le chancelier habitait à la campagne, « sur les champs » dit le texte. Pendant une huitaine, ce ne furent qu'allées et venues d'Amboise au château de la Bourdaisière et de la Bourdaisière à Amboise. Mais je cède la parole au député gascon :

Item, ey balhat a Monsr maeste Ramon, advocat deu Gran Conselh, per consultar las pieces et nostre requeste, un escut deu sorelh : ii l.

Item, perso que lodit advocat foc d'abiis impetressem letres de chancellerie, balhey a Robilhart, procureur, las pieces; auquau, per visitar lasdites pieces et far lasdites letres, balhey ung escut deu sorelh : ii l.

Item, balhey au clerc deudit Rovilhart, per mette en net la minuta de lasdites letres per las remostrar audit maeste Ramon, et per las mette en parchemin : sept s. sieys dines t.

Item, et perso que no ere possible de sagerar lasdites letres, a causa

---

(1) *Catalogue des actes de François Ier*, tome I.
(2) En 1566, le messager de Bordeaux à Paris laissa un cheval malade à Amboise dans l'hôtellerie de *la Teste noire* (Ernest Gaullieur, *Un voyage de Paris à Bordeaux en 1566*; *Revue d'Aquitaine*, t. XI, p. 374).

que lo chancelier (1) demoraba sur les champs, balhey lasdites letres au secretari Longuet, per ne far ladite expedicion ; loqual, tant per los sagetz que anadas et vengudas de Amboysa a la Bordaziere (2) que de la Bordasiere a Amboyse que per sa pena, me fec pagua quatre escutz deu sorelh en aur, que son : viii l.

Item, au clerc de monsr lo chanceljé de Lanson (3) : i l.

Item, balhey au porte de la Royne (4) una liura en dus testons.

Item, lo ixe jorn deudit mees de may, anam soppa a Tors, et per la soppada pague quinze s., et sieys dines per los servidors.

Item, lo xe jorn, anam disna a la Bordasiera : x s.

Item, lo jorn susdit, pague per passar la riviere apperada lo Chiet (5) : x dines.

Item, davant la maison de la habitation deu chancellier de France, ond eram anatz per far las diligences de sagerar lasdites letres, balhem detz dines de fen aux chivalx.

Item, lo jorn susdit, anam soppar Amboysa : xiiii s.

Item, lo xie jorn deudit mees, anam disna a la Bordasiere : ix s.

Item, tres dines per gardar nostre mala, mentre que disnabam.

Item, lo medix jorn, anam soppar Amboysa : xiiii s.

Item, lo xii jorn deudit mees, anam disna a la Bordasiera : vii s. x d.

Item, lo jorn susdit, anam soppa a Amboysa : xiiii s.

Item, lodit jorn, per passar la rivere deu Chiet : x d.

Item, lo xiii jorn deudit mees, demoram tot lo jorn Amboysa per recrubar lasdites letres deu secretari Longuet, per la despensa pague una liura iiii s.

Item, aussi, lo xiiii jorn deudit mees, demoram Amboysa, et per la despensa deudit jorn pague una liura quatre s.

Item, lo xv jorn deudit mees, anam disna a la Bordasiere : x s.

Item, lo jorn susdit, anam soppa Amboysa : xiiii s.

Item, lo setzeme jorn deudit mees, anam disna a la Bordasiera : x s.

Item, lodit jorn, anam soppa Amboysa : xiiii s.

Item, lo xviie jorn deudit mees, anam disna a la Bordasiera : x s.

Item, lo medix jorn, anam soppa Amboysa : xiiii s.

Item, lo xviiie jorn deudit mees, demoram lo jorn Amboysa : ia liura iv s.

---

(1) Antoine Duprat, chancelier de France.
(2) Le château de la Bourdaisière, commune de Montlouis.
(3) Le chancelier d'Alençon.
(4) Marguerite de Navarre.
(5) Le Cher.

Item, et a causa que lodit jorn anam apres disna a la Bordaziera, per la collation de nos et deus chivalz : dus s. sieys dines.

Item, lo XIX jorn deudit mees de may, anam disna a la Bordaziera : x s.

Item, balhe lo susdit jorn aux servidors et chambrieres, tant per lavar las camisas (1) que autres services que nos aben feyt demoran tant de temps a l'ostalarie : III s.

Item, lo jorn susdit, balhey au secretari deu Rey, Martin, per sa pena que habe presa, duas liuras en ung escut deu sorelh.

Le même jour, c'est-à-dire le 19 mai 1529, Raymond de Bonnecaze, « apres haber prees conget deus Rey et Regina » (de Navarre), reprit la route de la Gascogne; il retraversa, sans incidents dignes de remarque, les mêmes localités et arriva à Auch dans la matinée du 31 mai, après une absence de 41 jours.

Les frais de ce deuxième voyage s'élevèrent à 72 livres seulement.

Le « licencié » Bonnecaze n'était pas au bout de ses pérégrinations. On le fit partir, le 9 septembre 1527, pour Grenade-sur-Garonne, afin de montrer au commissaire Riverie les lettres rapportées d'Amboise; puis pour Lectoure, le 26 novembre suivant, « per anar visitar los proces; » enfin, le 1er janvier 1530, pour Toulouse, où ledit commissaire était retourné (2). Après six jours consacrés aux affaires de sa patrie, Bonnecaze rentra à Auch, le 9 janvier. Sa mission était terminée, il put enfin jouir d'un repos bien mérité et reprendre ses occupations ordinaires.

Le conseil de ville s'empressa, sur sa demande, de lui

---

(1) Plus d'une fois, en route, se fit le *lavage des chemises*. Preuve qu'on ne se chargeait pas de beaucoup de linge. Et cela se conçoit, puisque l'on voyageait à cheval.

(2) Les comptes des consuls de Lectoure mentionnent diverses dépenses faites à Toulouse en 1529 et 1530, pour la poursuite de ce procès contre la ville d'Auch, et aussi contre les consuls de Vic-Fezensac, qui eux aussi revendiquaient le siège du sénéchal. — Il y a aussi aux Archives de Lectoure une lettre de Marguerite de Navarre faisant savoir aux consuls que toutes les réclamations faites par Auch d'une façon incessante ont été mises de côté depuis longtemps (16 avril 1540). (Communication de M. P. Druilhet.)

allouer une indemnité de 26 livres, toujours à raison de 12 sous par jour, « per l'interest *lucri cessantis* et autras penas et tribaulx ; et autant n'agosse gasanhat estan a Aux et plus ».

Les deux comptes, que j'ai tâché de résumer le plus clairement possible, ne nous font pas connaître la suite de cette affaire. D'après l'édit du mois de janvier 1639, « le restablissement du seneschal à Auch auroit esté ordonné ; mais ladite ordonnance auroit demuré sans execution jusques en 1615 que ladite ville de Lectoure s'estant trouvée dans la rebellion (1), Sa Majesté, par lettres patentes de decembre audit an, auroit fait restablir ledit seneschal d'Armaignac dans la ville d'Aux, qui despuis, par le traité de Loudun, auroit esté remis audit Lectoure, en faveur de ses subjectz de la rellicion pretendue reformée... »

Le *Journal de Maître Jean de Solle*, publié en 1877 par M. l'abbé de Carsalade du Pont, contient (p. 26-32) des détails intéressants et précis sur cette translation, *manu militari*, du siège de la sénéchaussée de Lectoure à Auch. L'installation eut lieu le 30 janvier 1616, « dans la grande salle de la maison priorale de Saint-Orens, avec forces applaudissements du peuble ». La joie des Auscitains eut peu de durée : dix-huit mois après, un arrêt du parlement de Toulouse (31 juillet 1617) rétablissait le siège à Lectoure, en exécution de l'une des clauses du traité de Loudun et malgré l'opposition des consuls d'Auch, qui avaient fait de grands frais pour cet établissement (2).

Ce ne fut que vingt-deux ans plus tard (édit de janvier 1639), que la ville d'Auch obtint enfin un siège de séné-

---

(1) Benjamin d'Astarac-Fontrailles, sénéchal d'Armagnac et gouverneur de Lectoure, avait livré le château de cette ville au duc de Rohan, allié du prince de Condé dans sa lutte contre le pouvoir royal.

(2) Ces frais s'élevèrent à plus de 12,000 livres. (*Journal de Maître Jean de Solle*, p. 32.) — M. de Carsalade a fait don, tout récemment, de ce curieux manuscrit aux Archives du Gers. Je saisis cette occasion pour lui en témoigner publiquement ma reconnaissance.

chaussée et de présidial. Lectoure conserva le sien, mais considérablement amoindri, puisqu'on lui prit la moitié environ de son ressort pour former celui de la nouvelle sénéchaussée d'Auch (1).

(1) Voici quel fut exactement le ressort du siège d'Auch : 1° le Fezensac, le Fezensaguet, le Pardiac et les Quatre-Vallées (Aure, Magnoac, Neste et Barousse), enlevés à Lectoure; 2° le comté de Gaure, l'Astarac, les vallées de Larboust et de Louron et le pays des Fittes et Refittes, qui dépendaient du présidial de Toulouse. — Voir l'analyse de l'édit de 1639 dans l'*Histoire de la ville d'Auch*, de P. Lafforgue, t. II, p. 79-81.)

Original en couleur

NF Z 43-120-8

www.ingramcontent.com/pod-product-compliance
Lightning Source LLC
Chambersburg PA
CBHW071439060426
42450CB00009BA/2242